Bibliografische Information der Deutschen Nationalbibliothek:

Die Deutsche Bibliothek verzeichnet diese Publikation in der Deutschen National-
bibliografie; detaillierte bibliografische Daten sind im Internet über http://dnb.d-
nb.de/ abrufbar.

Impressum:

Copyright © 2010 GRIN Verlag, Open Publishing GmbH
Druck und Bindung: Books on Demand GmbH, Norderstedt Germany
ISBN: 9783640578238

Dieses Buch bei GRIN:

http://www.grin.com/de/e-book/147850/messung-und-bewertung-von-code-kom-
plexitaet

Tareq Heidarzada

Messung und Bewertung von Code-Komplexität

GRIN Verlag

GRIN - Your knowledge has value

Der GRIN Verlag publiziert seit 1998 wissenschaftliche Arbeiten von Studenten, Hochschullehrern und anderen Akademikern als eBook und gedrucktes Buch. Die Verlagswebsite www.grin.com ist die ideale Plattform zur Veröffentlichung von Hausarbeiten, Abschlussarbeiten, wissenschaftlichen Aufsätzen, Dissertationen und Fachbüchern.

Besuchen Sie uns im Internet:

http://www.grin.com/

http://www.facebook.com/grincom

http://www.twitter.com/grin_com

UNIVERSITÄT DUISBURG-ESSEN

Seminararbeit
zum Thema

Messung und
Bewertung von Code-Komplexität

Vorgelegt dem Fachbereich Wirtschaftswissenschaften
der Universität Duisburg-Essen

von: Tareq Heidarzada

Inhaltsverzeichnis

Abbildungsverzeichnis

Tabellenverzeichnis

Abkürzungsverzeichnis

CBO .... Coupling between objects

DIT .... Depth of inheritance tree

LCOM .... Lack of cohesion in methods

LOC .... Lines of Code

1 Einleitung

1.1 Problemstellung

Die Computerentwicklung unserer heutigen Zeit ist geprägt durch große Fortschritte im Bereich der Hardware. Computer werden immer schneller und leistungsstarker und sind ein zentraler Bestandteil der Organisationen aller Unternehmen. Die Folge aus dieser Entwicklung ist, dass die Implementierung von immer modernen, leistungsfähigeren Softwareanwendungen möglich ist und auch von den meisten Organisationen erwartet wird. Leistungsfähige, qualitativ hochwertige Softwareanwendungen gewinnen in vielen Anwendungsbereichen immer mehr an Bedeutung, da sie zunehmend in vielen Projekten der Faktor sind, der über Erfolg und Misserfolg entscheidet. (Thaller 1994, S.14) In der Softwareentwicklung jedoch, erschweren leistungsfähige Softwaresysteme die einfache und schnelle Erstellung von zuverlässigen und verwaltbaren Code. Nicht selten bestehen Computerprogramme aus tausenden Zeilen von Code und bringen aufgrund ihres großen Umfangs enorme Schwierigkeiten mit sich. So ist unnötig komplexer Code oft Ursache für fehleranfällige Software und damit auch Ursache für eine schlechte Softwarequalität. Zudem kommt es mit steigernder Komplexität zu einer Erhöhung der Änderbarkeit und Wartbarkeit von Software. Angesicht dieser Komplexitäts- und Umfangssteigerung, nimmt die Bedeutung des Messens von Softwarecode zur Qualitätskontrolle immer mehr zu. (Ligessmeyer 2009, S.232) Auch Tom DeMarco erkannte die Wichtigkeit von Softwaremessung und fasste dessen Bedeutung wie folgt zusammen:

> „You can't manage what you can't control, and you can't control what you don't measure. To be effective software engineers or software managers, we must be able to control software development practice. If we don't measure it, however, we will never have that control." (DeMarco 1986)

1.2 Ziel dieser Arbeit

In der Softwareentwicklung kommen zum Messen von Softwarekomplexität sogenannte Software-Metriken zum Einsatz. Das Ziel dieser Arbeit ist es zu zeigen, nach welchen Verfahren und inwieweit Software-Metriken die Komplexität von Softwarequellcode quantifizieren. Dabei wird der Focus in dieser Arbeit auf den Bereich der Metriken gelegt, die sich auf den Quellcode einer Software beziehen indem sie unterschiedliche Eigenschaften des Quellcodes messen.

1.3 Gliederung

Die nachfolgenden Kapitel dieser Arbeit gliedern sich wie folgt:

Das Kapitel 2 dient der Begriffsdefinition. Für das Verständnis von Software-Metriken wird in diesem Kapitel erläutert, was unter den Begriffen Software-komplexität, Metrik und Maß in der Softwareentwicklung zu verstehen ist. Das anschließende Kapitel 3 beschreibt die Grundlagen von Software-Metriken. Es wird zusätzlich darauf eingegangen wie die Messwerte dargestellt und sinnvoll interpretiert werden können. Der erste Teil von Kapitel 4 stellt einige der bekanntesten quellcodebasierten Software-Metriken kritisch betrachtet vor, während der zweite Teil auf objektorientierte Metriken eingeht, die speziell für die Messung von Software entwickelt wurden, welche mit objektorientierten Programmiersprachen realisiert wurden. Kapitel 5 behandelt einige Werkzeuge mit der Quellcode auf Basis von Software-Metriken untersucht werden können. Kapitel 6 schließt die Arbeit zusammenfassend ab.

2 Begriffsdefinition

2.1 Softwarekomplexität

Für eine adäquate Auseinandersetzung mit der Messung von Code-Komplexität ist es notwendig, dass zunächst darauf eingegangen wird, was unter dem Begriff Komplexität in der Softwareentwicklung verstanden wird.

Nach HÄRTL ist Komplexität als eine Eigenschaft eines Systems oder Modells definiert, welche die Beschreibung seines Gesamtverhaltens in einer beliebigen Sprache erschwert, selbst wenn man über vollständige Informationen über die Einzelkomponenten und ihre Wechselwirkungen verfügt. (2008, S.29) Übertragen auf die Softwareentwicklung, kann das abstrakte Produkt Software als das System oder Modell gesehen werden, dessen Verhalten durch ihre Lesbarkeit, Änderbarkeit und Wartbarkeit beschrieben wird. Softwarekomplexität ist demzufolge eine Eigenschaft einer Software die beschreibt, mit welcher Schwierigkeit Software von einem Software Entwickler verstanden, geändert oder erstellt wird. Softwarekomplexität in diesem Sinne ist nicht die subjektiv empfundene Kompliziertheit der Benutzer beim Arbeiten mit einem Software System und muss daher davon unterschieden werden.

Der Komplexitätsgrad einer Software hat einen direkten Einfluss auf dessen Qualität. Sie steht meistens in einem engen Zusammenhang mit der Robustheit der Software. Software, dessen Quellcodes komplex sind, sind überwiegend fehleranfälliger. Die Fehleranfälligkeit führt wiederum zu höheren Kosten, die sich aufgrund von Aufwand für die Beseitigung von Fehlern ergeben.

Um ungerechtfertigte Erhöhungen von Komplexität zu erkennen, ist es ratsam die Komplexität schon während des Entwicklungsvorgangs zu messen. Durch das Messen soll Transparenz geschaffen werden, damit frühzeitig Gegenmaßnahmen ergriffen werden können. Für die Messung bieten sich sogenannte Software-Metriken an, auf die in den folgenden Kapiteln noch ausführlich eingegangen wird.

Zunächst wird aber im Folgenden für das Verständnis von Software-Metriken erläutert, was unter dem Begriff Metrik und Maß zu verstehen ist.

2.2 Metrik und Maß

In der Literatur wird in dem Gebiet der Softwaremessung der Begriff Metrik oftmals als Synonym für den Begriff Maß verwendet. Streng genommen jedoch unterscheiden sich beide Begriffe in ihrer Aussage voneinander.

Metriken stellen bspw. in der Mathematik Eigenschaften eines mehrdimensionalen Raumes dar. Durch die dargestellten Eigenschaften wird die Entfernung zweier Punkte in einem Raum definiert. (Ligessmeyer 2009, S.234) Damit lassen sich die kürzesten Distanzen zwischen den Punkten finden und es lässt sich der nächste Nachbar identifizieren. Die Metrik in der Mathematik definiert also ein Abstandsmaß.

Bei einem Maß dagegen handelt es sich um eine Wertzuordnung zu einer abstrakten Eigenschaft eines Objektes aus einem System. Eine Eigenschaft wird demnach in einen konkreten Wert abgebildet. Die Regeln, wie ein Maß auf ein Objekt anzuwenden ist, müssen definiert sein. Die genaue und ausführliche Definition ist von besonderer Wichtigkeit, da ansonsten subjektive Messergebnisse entstehen, die nicht vergleichbar wären. Bei dem Maß „Handschuhgröße eines Menschen" bspw. besagen die Regeln, dass der Daumen bei der Messung des Handumfanges nicht mit einfließen darf oder in welcher Position sich die Hand befinden muss.

Bei der Software Messung definieren Regeln, ähnlich wie bei Maß, welche Bestandteile der Software in die Messung eingehen dürfen. Am Ende der Messung steht ein Messwert, der einer Eigenschaft der Software zugeordnet wird. In diesem Sinne muss man korrekterweise von Maß als von Metrik sprechen. (Ligessmeyer 2009, S.234) Dennoch hat sich in der Praxis der Begriff der Metrik eingeprägt und wird auch in den IEEE-Standards als solches benutzt.

Obwohl gezeigt wurde, dass bei Messung von Software es im Grunde falsch ist von einer Metrik zu sprechen, wird dennoch in dieser Arbeit der Begriff Metrik synonym zum Begriff Maß verwendet, da der Begriff der Metrik in der Literatur seit Jahren eingeführt und etabliert ist.

3 Software-Metriken

3.1 Definition

Der IEEE-Standard 1061 von 1992 definiert eine Software-Metrik als eine Funktion, die eine Software Einheit in einen Zahlenwert abbildet. Der von der Funktion berechnete Wert ist interpretierbar als der Erfüllungsgrad einer Qualitätseigenschaft der Softwareeinheit. (IEEE, 1992) Mit Softwareeinheit ist in den meisten Fällen der zugrunde liegende Quellcode gemeint. Demnach wird gemäß der IEEE-Standard Definition aus der Komplexität des Quellcodes eine Kenngröße abgeleitet und linear auf die Codequalität abgebildet. Anhand der Codequalität kann dann auf die Qualität des Software Produktes als Ganzes geschlossen werden. Zu den Qualitätseigenschaften zählen bspw. Wartbarkeit, Effizienz, Flexibilität und Wiederverwendbarkeit.

Software-Metriken, die sich aus dem Quellcode erheben lassen, gehören den statischen Produktmetriken an. Sie messen die Software direkt anhand ihres Entwurfes und lassen sich zum größten Teil automatisiert ermitteln. Da die vorliegende Arbeit den Fokus auf die Messung des Quellcodes von Software hat, werden die wichtigsten statischen Produktmetriken, die zugleich auch zu den traditionellsten Metriken gehören, in Kapitel 4 ausführlich vorgestellt. Neben den statischen Produktmetriken wird noch zwischen dynamischen Produktmetriken unterschieden. Diese messen Software bei ihrer Ausführung und beurteilen ihre Leistungsfähigkeit und Zuverlässigkeit. Ein Beispiel für eine dynamische Software-Metrik ist die benötigte Ausführungszeit für bestimmte Funktionen oder die Anzahl der bei der Ausführung aufgetretenen Fehler. Sowohl statische, als auch dynamische Produktmetriken machen keine Aussage über den Entwicklungsfortschritt des Produktes. (Wallmüller 2001, S.48)

Neben den Produktmetriken wird noch zwischen Prozess- und Projektmetriken unterschieden. (Popp 2006, S.59) Prozessmetriken beziehen sich auf den gesamten Prozess der Softwareentwicklung, da sie Eigenschaften des Prozesses wie Produktivität oder Fehleranfälligkeit erfassen und auswerten. Die Werte können zur Kontrolle und zur Erkennung von problematischen Prozessschritten dienen. (Ligessmeyer 2009, S.234) Projektmetriken dagegen untersuchen unterschiedliche Merkmale des Projekts. Das können die Anzahl der Entwickler im Team, die Projektkosten oder die Einhaltung des Terminplanes sein.

Trotzt ihrer Unterschiede ist allen drei Kategorien von Software-Metriken gemeinsam, dass sie dem Zweck dienen, das abstrakte Produkt Software durch leichtverständliche Zahlen greifbar und damit vergleichbar zu machen. (Hoffmann 2008, S.248)

3.2 Auswahl geeigneter Software-Metriken

3.2.1 Problematik

Obwohl eine große Anzahl unterschiedlicher Software-Metriken existieren, besteht dennoch das Problem, dass es oft zum Scheitern beim Messen und Bewerten von Software kommt. Der Grund liegt in dem Unvermögen, die geeigneten Metriken zu finden, dessen Ergebnisse sinnvoll verwendet werden können. Viele Metriken führen zu verwendbaren Ergebnissen. Verwendbare Ergebnisse ergeben sich aber nicht, wenn entweder immer die am technisch schwersten oder die am technisch einfachsten zu realisierenden Metriken zum Einsatz kommen. Auch ist es nicht sinnvoll, so viele Metriken wie möglich von den existierenden Metriken anzuwenden, um möglichst viele Messwerte zu gewinnen. Die Qualität der Ergebnisse hängt nicht von der Schwierigkeit der technischen Realisierbarkeit bzw. Berechnung der Metrik ab, sondern zum größten Teil davon, welche Fragestellung mit dem gewonnen Messwerten beantwortet werden soll.

Bei der Auswahl der einzusetzenden Metriken sollte deshalb immer im Hinterkopf behalten werden, welche Ziele mit der Messung verfolgt werden. Die Ziele sollten dabei klar und wohl definiert sein. Diese Zielkonformität ist insofern auch wichtig, weil dadurch unnötige Messungen und die damit verbundenen Kosten von vornherein ausgeschlossen werden. Die Verwendung einiger wenige für die Zielerreichung identifizierten Metriken hilft, eine vielschichtige Sichtweise auf die zu messenden Softwareeinheiten zu erlangen und erhöht damit die Qualität der Messung.

3.2.2 GQM Ansatz

Ein bekannter Ansatz der helfen soll geeignete Metriken zielgerecht zu finden ist, der von Basili und Rombach entwickelte GQM (*Goal Question Metric*) Ansatz. Der GQM-Ansatz basiert auf einen Top Down Ansatz und sieht in einem ersten Schritt die Definition eines Messzieles vor. Im nächsten Schritt sollen Fragen zu dem Messziel formuliert werden. Diese Fragen helfen ein Verständnis dafür zu bekommen, wann das Messziel erreicht ist. Als letztes werden anhand der Beantwortung der Fragen geeignete Metriken ausgewählt.

3.3 Interpretation der Messergebnisse

Ein weiterer Grund für das Scheitern von Messen und Bewerten von Software liegt in der Schwierigkeit der Interpretation der gewonnen Messwerte. Bei Messen von Software mittels Metriken kann zum größten Teil nicht auf fundierte Erkenntnisse zurückgegriffen werden, wie dies etwa beim Messen von physikalischen Größen der Fall ist. Es existieren keine einheitlichen Grenzwerte mit denen die Messergebnisse verglichen werden können. Welche Werte noch als akzeptabel oder als nicht mehr akzeptabel gelten, müssen aber vor dem Messvorgang feststehen. Existieren keine Vergleichswerte für die Messergebnisse, so ist auch keine sinnvolle Interpretation der Ergebnisse möglich und die Metrik erweist sich als nutzlos. Da durch die Messung unnötiger Aufwand betrieben und Ressourcen verbraucht wurden, ist die Durchführung der Messung zudem auch schädlich für die Software.

Die Ermittlung von Grenzwerten kann z.B. mit Hilfe von Erfahrungswissen, bspw. aus Expertenbefragungen oder durch Beobachtungen von vergleichbaren bereits vergangenen Projekten, erfolgen. Überschreitet der Messwert einer Metrik seinen Grenzwert, ist dies jedoch kein eindeutiges Indiz für das Vorhandensein von entsprechend vielen Fehlern, die zuverlässigkeitsmindernd wirken. Vielmehr sind diese sogenannten Ausreißer Anzeichen für einen nicht optimalen Softwareentwurf und sollten daher näher betrachtet werden. Eine Metrik dient also immer nur als ein Indikator und nicht als ein endgültiger Nachweis bestimmter Fehler. (Ligessmeyer 2009, S.246; Popp 2006, S.64)

3.4 Darstellung der Messergebnisse

Für eine effektive Auswertung der Messergebnisse ist es sinnvoll die Werte in einer übersichtlichen Form zu visualisieren. Die Darstellung der Messergebnisse geschieht in der Regel auf zwei Arten, zu einem in tabellarischer Form und zum anderen in grafischer Form. Der Nachteil der tabellarischen Form liegt in ihrer Unübersichtlichkeit. Die grafische Darstellung der Messwerte hingegen ist für das menschliche Auge überschaubarer. Ausreißer können in einer Grafik schneller und leichter erkannt werden.

In der Softwaremessung wird zur Darstellung der Messergebnisse eine grafische Darstellung durch ein Kiviat-Diagramm bevorzugt, das aufgrund seiner äußeren Gestalt auch als *Netz-* oder *Radardiagramm* bezeichnet wird. Ein Kiviat-Diagramm bildet Messergebnisse unterschiedlicher Metriken kombiniert ab. Jede der Metriken wird durch eine separate Achse abgebildet, die alle ihren Anfang im Mittelpunkt des Diagrammes haben und jeweils mit gleichen Winkelabständen nach außen verlaufen. (Hoffmann 2008, S.270) Auf den Achsen werden die unteren und oberen Grenzwerte der jeweiligen Metriken aufgetragen und jeweils die Nachbarwerte durch Linien miteinander verbunden. Auf diese Weise ergeben sich drei Schichten im Diagramm. Die mittlere Schicht definiert die Messwerte die als

Normal festgelegt wurden. Die innere und äußere Schicht repräsentiert die Werte, welche die festgelegte Norm je nachdem unter oder überschreiten. Für jede
der Metriken wird zudem die ermittelten Messergebnisse auf den jeweiligen Achsen eingetragen und die Messergebnisse ebenfalls durch Linien mit ihren Nach-
barwerten verbunden. Der dadurch entstandene Linienzug sollte möglichst in der
mittleren Schicht, dem Normalwertbereich, liegen.

Abbildung 3.1 zeigt ein solches Kiviat-Diagramm, in dem die Messergebnisse von
fünf kombinierten Produktmetriken im Normallbereich liegen. Der Normallbereich
wird in der Abbildung durch die weiße Schicht gekennzeichnet.

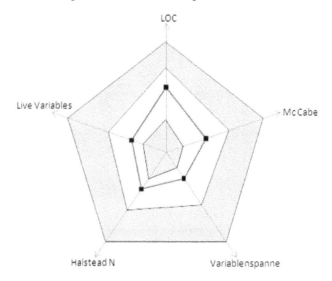

Abbildung 3.1: Kiviat-Diagramm[1]

Quelle: in Anlehnung an Ligessmeyer 2006, S. 248

Zum Vergleich zeigt Abbildung 3.2 ein Kiviat-Diagramm in dem nicht alle Messergebnisse der kombinierten Produktmetriken im Normallbereich liegen. Der
Messwert der Umfangsmetrik Lines of Code (LOC) liegt außerhalb des Normalbe-
reiches, weil es einen zu hohen Wert besitzt. Der abweichende Wert wird durch
die Struktur des Kiviat-Diagramms für den Beobachter leicht ersichtlich gemacht.

---

[1]   Innerhalb der Grafik wurden andere Messwerte der einzelnen Metriken gewählt, so dass sich ein
      anderes Bild des Kiviat Diagrammes ergibt

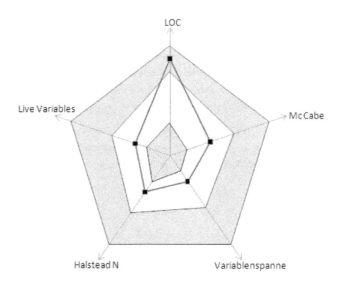

Abbildung 3.2: Kiviat-Diagramm mit einem zu hohen LOC Wert[2]

Quelle: in Anlehnung an Ligessmeyer 2006, S. 249

Neben ihrer übersichtlichen Form besitzen Kiviat-Diagramme aber auch eine große nicht zu vernachlässige Einschränkung. Ihr Nachteil ist, dass sie Wechselwirkungen zwischen den Metriken nicht erfassen. Das Diagramm betrachtet die kombinierten Metriken unabhängig voneinander. In der Praxis jedoch bestehen Abhängigkeiten zwischen einzelnen Metriken die von dem Diagramm gänzlich unberücksichtigt bleiben. (Ligessmeyer 2009, S.247-251)

---

[2] Ligessmeyer verdeutlicht einen Ausreißer in seinem Kiviat Diagramm durch einen zu hohen Wert der McCabe Metrik. In der Grafik wird jedoch ein Ausreißer durch einen zu hohen LOC Wert verdeutlicht

4 Für die Messung von Code-Komplexität relevante Metriken

In diesem Kapitel werden einige Metriken aufgegriffen und kritisch dargestellt. Behandelt werden vorwiegend statische Produktmetriken, da sie überwiegend ihren Fokus auf dem Quellcode von Software haben und verschiedene Eigenschaften des Quellcodes messen. Aufgrund der Vielzahl an verschiedenen statischen Produktmetriken, ist es nicht möglich, in der vorliegenden Arbeit eine komplette Übersicht aller relevanten statischen Produktmetriken aufzustellen. Es erfolgt daher eine Beschränkung auf die gebräuchlichsten statischen Produktmetriken.

4.1 Traditionelle Produktmetriken

Über die Jahre wurde eine Vielzahl von unterschiedlichen Produktmetriken entwickelt, aus der sich nur wenige in der Praxis etabliert haben. Im Folgenden werden drei statische Produktmetriken vorgestellt die bestimmte Quellcodeeigenschaften auf unterschiedlicher Art messen und diese quantifizierbar machen.

4.1.1 Lines of Code

Bei der Lines of Code Metrik (LOC) handelt es sich um eine statische Produktmetrik, welches traditionell zur Messung des Quellcodeumfanges verwendet wird. Sie zählt die Anzahl der Quellcodezeilen und legt diese als Messgröße für den Umfang der betrachteten Software fest. Die Metrik geht davon aus, dass der Umfang des Quellcodes indirekt dessen Komplexität wiederspiegelt. Je grösser der Umfang des Quellcodes ist, desto komplexer und desto fehleranfälliger ist die Software. Die Komplexität steigt also proportional mit dem Umfang der Software an.

In Kapitel 2.2 wurde erläutert wie wichtig eine genaue und ausführliche Definition einer Metrik für ein verwendbares Ergebnis ist. Die LOC Metrik ist ein gutes Beispiel für diese Forderung an eine Metrik, da sie im Grunde eine unzureichende Definition besitzt. In ihrer Definition sind keine Regeln bezüglich der Beachtung von Kommentaren und Leerzeilen aufgestellt. Zudem wird das Ende einer Quellcodezeile nicht eindeutig definiert. Aufgrund der nicht ausreichenden Definition, ergeben sich Schwierigkeiten beim Vergleich von LOC Messwerte. Es ist demnach für den Vergleich der Messergebnisse von besonderer Bedeutung, dass vor der LOC Messung ihre Inputgrößen genau spezifiziert werden.

Ein weiterer Nachteil der LOC Metrik ist, dass der Vergleich von Software, welche in unterschiedliche Programmiersprachen implementiert wurden, zu verfälschten Ergebnissen führt. Der Grund für die Verfälschung liegt darin, dass zu einem einige Programmiersprachen die Implementierung von mehreren Anweisungen in einer Zeile erlauben. Die Programmiersprachen ermöglichen somit die Implementierung einer Funktionalität mit sehr wenigen langen oder vielen kurzen Zeilen. Je nach Programmierstil des Entwicklers variiert dadurch der LOC Messwert erheblich. Zum anderen sind Programmiersprachen unterschiedlich mächtig. Höhere Programmiersprachen erlauben die Formulierung einer Funktionalität mit weitaus weniger Quellcodezeilen als andere Sprachen. Eine Software kann also durch verschiedene Programmiersprachen jeweils unterschiedlich kompakt formuliert werden. (Hoffmann 2008, S. 250)

Letzteres kann durch eine Normalisierung der Messwerte bei der Messung beachtet werden. Tabelle 4.1 gibt an, wie sich höhere Programmiersprachen bezüglich ihrer Mächtigkeit gegenüber der Sprache Assembler verhalten. Die Sprache Assembler wurde als Referenzsprache gewählt, da sie unteranderem pro Zeile nur eine Anweisung erlaubt.

Verwendete	Faktor (Mächtigkeit)
Assembler	1
Macro Assembler	1,5
C	2,5
FORTRAN	3
PASCAL	3,5
Ada	4,5
Modula 2	4,5
PROLOG	5
BASIC	5
SMALLTALK	15

Tabelle 4.1: Sprachfaktoren ausgewählter Programmiersprachen

Quelle: Thaller 1994, S. 40

Die Werte wurden empirisch ermittelt und beschreiben, um welchen Faktor der Umfang des Quellcodes zunimmt, wenn diese in Assembler geschrieben wird. Mit Hilfe der Faktorwerte können damit die LOC Messwerte verschiedener Programmiersprachen auf eine Sprache normalisiert und somit eine annähernde Vergleichbarkeit gewährleistet werden. (Thaller 1994, S.40)

Trotzt den genannten Nachteilen und dem weiteren Nachteil, dass die LOC Metrik die Aufbaustruktur des Quellcodes nicht beachtet, wird die LOC in der Praxis oft eingesetzt, weil sie einfach und automatisiert anzuwenden und leicht nachzuvollziehen ist. Zudem lassen sich mit Hilfe der LOC Metrik weitere indirekte nutzbare Größen ermitteln. Setzt man bspw. die Fehleranzahl einer Software in Verhältnis zur ihrer LOC Größe und unterstellt man eine hundertprozentige Abhängigkeit zwischen diesen beiden, ist so die Formulierung von Prognosen über die Fehleranzahl weiterer vergleichbarer Softwareanwendungen machbar. (Thaller 1994, S.37)

4.1.2 Halstead Metriken

Der Ansatz von HALSTEAD setzt ebenfalls am Quellcodeumfang an und misst unterschiedliche Eigenschaften des Quellcodes wie Komplexität und Aufwand. (1977) Für die Berechnung der Metriken müssen nur einige Größen aus dem Quellcode rausgefiltert werden. Halstead geht davon aus, dass der Quellcode nur aus Operanden und Operatoren besteht. Als Operator wird dabei jedes Symbol oder Schlüsselwort bezeichnet, welches eine Aktion nach sich zieht. Beispiele sind arithmetische Operatoren und Schlüsselwörter wie *while* oder *for* sowie spezielle Symbole wie := oder Klammern. Als Operanden werden alle Symbole bezeichnet, die Daten darstellen (Variable, Konstanten, Sprungmarken). Der Metrik liegen die folgenden Basisgrößen zugrunde:

n_1 = Anzahl der unterschiedlichen Operatoren

n_2 = Anzahl der unterschiedlichen Operanden

N_1 = Gesamtzahl der verwendeten Operatoren

N_2 = Gesamtzahl der verwendeten Operanden

Aus diesen Basisgrößen leitet Halstead eine Reihe von Metriken ab. Die Länge des Quellcodes bzw. der Implementation ergibt sich aus der Addition der Gesamtzahl der verwendeten Operatoren mit der Gesamtzahl der verwendeten Operanden und führt zu einer ähnlichen Aussage wie die LOC Metrik. Addiert man die Anzahl der unterschiedlichen Operatoren mit der Anzahl der unterschiedlichen Operanden, erhält man die Größe des Vokabulars.

$N = N_1 + N_2$: Programmlänge

$n = n_1 + n_2$: Vokabulargröße

Anhand der Größe des Vokabulars berechnet Halstead die zu erwartende Programmlänge N' und ermöglicht somit eine vorzeitige Abschätzung der tatsächlichen Programmlänge.

$$N' = n_1 * log_2 n_1 + n_2 * log_2 n_2$$

Als weitere Metrik definiert Halstead eine Formel, welche die Schwierigkeit eines Programmes für Wartungsvorgänge zu verstehen oder generell zu kodieren quantifiziert:

$$S = \frac{n_1 * N_2}{2 * n_2}$$

Aus der Formel ist zu ersehen, dass der Schwierigkeitsgrad proportional zu der Anzahl der unterschiedlichen Operatoren ist. Werden viele unterschiedliche Operatoren für die Implementierung benutzt, wird der Zähler größer und der Schwierigkeitsgrad steigt. Zudem verhält sich der Schwierigkeitsgrad proportional zu dem Quotienten $\frac{N_2}{n_2}$. Dieser gibt an wie oft ein Operand im Mittel verwendet wird. (Wallmüller 2001, S.54) Daraus kann man ableiten, dass wenn der gleiche Operand mehrmals im Quellcode verwendet wird, der Quellcode zunehmend schwerer zu verstehen ist. Benutzt man dagegen mehrere unterschiedliche Operanden mit sinnvollen Namen, wird der Quelltext logischerweise lesbarer und verstehbarer.

Aus dem Kehrwert des Schwierigkeitsgrades S ergibt sich eine weitere Metrik L. L steht für *Level* und gibt an, inwiefern sich die verwendete Programmiersprache für die Implementierung der Funktionalität eignet.

$$L = \frac{1}{S}$$

Je näher der berechnete Wert L dem Wert 1 ist, umso geeigneter ist die verwendete Programmiersprache für die Implementation. (Ligessmeyer 2009, S. 261)

Desweiteren hat Halstead eine Metrik formuliert, die den Programmieraufwand A quantifiziert. Der Aufwand ergibt sich aus dem Produkt von Schwierigkeitsgrad S und der Programmgröße in Bits, welche mit V bezeichnet wird.

$$A = S * V$$

Unter der Annahme, dass jeder Operand und Operator mit der gleichen Anzahl an Bits codiert wird, kann V aus der Programmlänge N mit folgender Formel errechnet werden:

$$V = N * log_2 n$$

Der Programmieraufwand A gibt die Anzahl der Denkschritte an, die ein Programmierer für die Implementierung durchführen muss. Die Berechnung basiert auf der Studie des Psychologen John Stroud, nach der das Gehirn eines normallen Menschen zwischen 5 und 18 Denkschritte pro Sekunde leisten kann. (Wallmüller 2001, S.55) Unter Berücksichtigung dieser Beobachtungen, lässt sich damit auch der Programmieraufwand in eine zeitliche Aussage überführen.

Bei der Berechnung von V ist noch zu beachten, dass ihr Wert durch die mehrmalige Benutzung des gleichen Operanden verkleinert werden kann. Benutzt man z.B. dieselbe Variable für mehrere Berechnungen, verkleinert sich die Vokabulargröße n und damit auch der Programmieraufwand V. Wie aber schon erwähnt wurde, hat aber die mehrmalige Benutzung des gleichen Operanden auch einen steigernden Einfluss auf den Schwierigkeitsgrad S. Daraus kann man schlussfolgern, dass laut Halstead sich der Programmieraufwand und der Schwierigkeitsgrad gegenseitig ausschließen.

Die Halstead Metriken sollen im Folgenden an einem Beispiel veranschaulicht werden. Untersucht wird ein in der Sprache C Sharp formulierter Algorithmus zur Berechnung der Fakultät einer Zahl. Abbildung 4.1 zeigt den Quellcode für den Algorithmus, welcher mit der Sprache C Sharp formuliert ist:

```
int Fakultät(int zahl)
{
    if (zahl < 0)
        throw new Exception("Nicht definiert");
    int fakultät = 1;
    if (zahl == 0 || zahl == 1)
        fakultät = 1;
    else
    {
        for (int i = 1; i <= zahl; i++)
            fakultät *= i;
    }
    return fakultät;
}
```

Abbildung 4.1: Beispielcode: Fakultät einer Zahl in C#

Nach dem Extrahieren der Operatoren und Operanden aus dem Beispielcode, ergeben sich die in der folgenden Tabelle 4.2 dargestellten Mengen für die Operanden und Operatoren.

Operatoren n_1	Verwendungs- anzahl	Operanden n_2	Verwendungs- anzahl
int	4	Fakultät	1
if	2	zahl	5
else	1	fakultät	4
throw	1	0	2
new	1	1	4
Exception	1	„Nicht definiert"	1
for	1	i	4
return	1		
<	1		
=	3		
==	2		
||	1		
<=	1		
*=	1		
(), {}	7		
++	1		
;	7		
$n_1 = 16$	$N_1 = 36$	$n_2 = 7$	$N_2 = 21$

Tabelle 4.2: Anzahl der Operanden und Operatoren aus dem Beispielco-
de

Mit Hilfe der Basisgrößen lassen sich durch Einsetzen in die Formeln die Halstead Metriken relativ leicht errechnen.

Halstead Metrik	Messwert
$N = N_1 + N_2$: Programmlänge	57
$n = n_1 + n_2$: Vokabulargröße	23
$N' = n_1 * log_2 n_1 + n_2 * log_2 n_2$: z.e. Programmlänge	58
$S = \frac{n_1 * N_2}{2 * n_2}$: Schwierigkeitsgrad	24
$L = \frac{1}{S}$: Level	0,042
$V = N * log_2 n$: Volumen (Programmgröße in Bits)	178,72
$A = S * V$: Aufwand	4290

Tabelle 4.3: Halstead Messergebnisse des Beispielcodes aus Abb. 4.1

Bei der Betrachtung der Messergebnisse fällt insbesondere auf, dass die tatsächliche Programmlänge durch die erwartete Programmlänge ziemlich genau approximiert wird. Teilt man den Aufwand durch die von Stroud ermittelten 18 Denkschritte pro Sekunde, ergibt das einen Wert von 240 Sekunden. Demnach bräuchte ein guter Softwareentwickler etwa 4 Minuten für die Programmierung der Fakultät Funktion in C#.

Es wurde gezeigt, dass sich mit Hilfe der Formeln die Halstead Metriken relativ einfach und automatisiert errechnen lassen. Auch ihre Aussagekraft wurde in vielen empirischen Studien nachgewiesen. Dennoch sind sie nicht frei von Kritik. Sie haben den Nachteil, dass sie wie die LOC Metrik, Ablaufstrukturen im Quellcode gänzlich vernachlässigen. Mit Ablaufstrukturen ist z.B. die Schachtelungstiefe oder die Anzahl der Verzweigungen gemeint, welche Komplexität in größtem Maße beeinflussen. Ähnlich wie die LOC Metrik besitzen die Halstead Metriken auch eine geringe Aussagekraft beim Vergleich von Software, die in unterschiedlichen Programmiersprachen implementiert sind. Zwar ist sie im Gegensatz zu LOC Metrik nicht abhängig von der unterschiedlichen Formatierung des Quellcodes, aber abhängig von der Klassifizierung der Programmsymbole in Operatoren und Operanden. Da Halstead eine Klassifizierung der Operanden und Operatoren nicht eindeutig festlegt, ist es auch nicht immer möglich bei den zu vergleichenden Programmiersprachen eine eindeutige Klassifizierung vorzunehmen. Ein weiterer Kritikpunkt ist die vereinfachte Annahme, dass die Komplexitätseigenschaften Schwierigkeit oder Aufwand nur von textuellen Basisgrößen abhängt. (Hoffmann 2008, S.259)

Dennoch liefern Halstead Metriken in Verbund mit anderen Metriken wichtige Informationen und sollten daher zur Messung der Wartbarkeitseigenschaft einer Software in der Praxis nicht fehlen.

4.1.3 McCabes zyklomatische Komplexität

Die Halstead Metriken und die LOC Metrik haben beide gemeinsam, dass sie den strukturellen Ablauf eines zu messenden Quellcodes nicht in ihrer Messung mit betrachten. Diese Gemeinsamkeit ist nicht ohne Grund als Nachteil von beiden zu sehen. Bedingte Anweisungen, also Verzweigungen und Schleifen, im Ablauf machen den Quellcode für den Betrachter schwieriger zu verstehen, als eine einfache lineare Folge von Anweisungen. Die Komplexität eines Quellcodes wird demnach durch vorhandene Verzweigungen und Schleifen negativ beeinflusst. Thomas McCabe erkannte als Erster diese Abhängigkeit und formulierte eine Metrik namens zyklomatische Komplexität, welche die Komplexität des Quellcodes anhand seiner strukturellen Form misst. (1976, S.308-320)

McCabe leitet seine Metrik aus der Graphentheorie ab. Als Grundlage für die Berechnung der Metrik dient die Aufbaustruktur von Kontrollflussgraphen. Stellt man eine aus dem Quellcode zu messende Methode oder Prozedur durch einen Kontrollflussgraphen dar, so ergibt sich dessen zyklomatische Komplexität *V(G)* durch die Anzahl der Kanten *e* abzüglich der Knoten *n* und das Ergebnis addiert mit zwei. Mathematisch dargestellt also:

$V(G) = e - n + 2$

Für Programme die sich aus mehreren Methoden zusammensetzen, kann für jede Methode separat die zyklomatische Komplexität errechnet werden und die Werte miteinander addiert werden. Alternativ ist die Berechnung aber auch durch folgende Formel möglich:

$V(G) = |E| - |N| + 2 * p,$

$|N|$: Gesamtanzahl aller Kanten

$|E|$: Gesamtanzahl aller Knoten

p : Anzahl der Methoden

Abbildung 4.2 zeigt den Kontrollflussgraphen für den Beispielcode aus Abbildung 4.1.

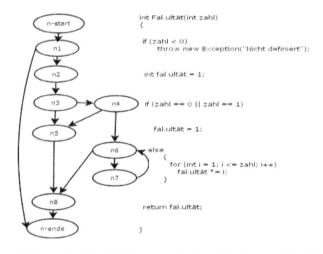

Abbildung 4.2: Kontrollflussgraph des Beispielcodes aus Abb. 4.1

Der Kontrollflussgraph besitzt *e* = 13 Kanten und *n* = 10 Knoten. Daraus ergibt sich ein Wert für die zyklomatische Komplexität von:

$V(G) = 13 - 10 + 2 = 5.$

Dieser Wert entspricht genau der Anzahl der maximal linear unabhängigen Wege durch den Kontrollflussgraphen. Ein linear unabhängiger Weg wäre z.b. der lineare Durchlauf der Knoten *n-start, n1, n2, n3, n5, n8, n-ende* oder der Knoten *n-start, n1, n-ende*.

Eine weitere Möglichkeit die zyklomatische Komplexität zu bestimmen ist, die bedingten Anweisungen in dem zu messenden Programmcode zu zählen. Unter bedingten Anweisungen werden z.b. Statements wie IF, SWITCH, GOTO und alle Schleifen (WHILE, FOR, etc.) zusammengefasst. Die Regel besagt, dass wenn zu der Anzahl der bedingten Anweisungen eine eins dazu gezählt wird, so erhält man den Wert der zyklomatischen Komplexität. Der Beispielcode aus Abbildung 4.1 enthält genau vier bedingte Anweisungen die im Kontrollflussgraph zu Verzweigungen führen. (vgl. Abbildung 4.1, grün markierte Statements) Damit ergibt sich bei Anwendung der oben gennannten Regel ebenfalls der Wert 5 für die zyklomatische Komplexität. Die Anwendung dieser einfachen Regel erlaubt eine Automatisierung und damit schnellere Berechnung der McCabe Metrik und wird deshalb in der Praxis der Bestimmung über Kontrollflussgraphen vorgezogen.

Welcher Wert noch als akzeptabel gilt, wird in der Praxis unterschiedlich gehandhabt. McCabe selber ermittelte auf empirischer Basis eine Obergrenze von 10 für den Wert der zyklomatische Komplexität. Alle Werte über 10 sind Anzeichen für einen nicht mehr zu leicht verstehenden und damit schlecht wartbaren Quellcode. Der Quellcode sollte daher durch Refaktorisierung zerlegt werden. McCabe machte aber auch deutlich, dass es bei dem Wert 10 keinesfalls um eine magische Zahl handelt. (1976, S.308ff) Die Obergrenze von 10 soll eher als ein grober Richtwert angesehen werden. Es ist dem Anwender frei, durch eigene empirische Beobachtungen, von z.B. problematischen Methoden oder Prozeduren aus vergangenen Projekten, eine eigene spezifische Obergrenze zu Grunde zu legen. (Popp 2006, S. 64)

Obwohl die McCabe Metrik im Gegensatz zu den vorgestellten Umfangsmetriken, LOC und Halstead Metrik, die Struktur des Quellcodes beachtet, besitzt sie dennoch eine Schwäche, die auch die Umfangsmetriken besitzen. Die Schachtelungstiefe, welche die Komplexität in hohem Maße negativ beeinflusst, wird auch von ihr nicht berücksichtigt. Eine Prozedur mit mehrfachverschachtelten Schleifen führt zur selben zyklomatische Komplexität, wie eine Prozedur, in der dieselben Schleifen nacheinander formuliert sind. Kritisierbar an der McCabe Metrik ist auch, dass bei ihrer Bestimmung die Statements die zu Verzweigungen führen, in ihrer Komplexität gleichgestellt werden. Es ist aber Fakt das Schleifen gegenüber Entscheidungsanweisungen deutlich komplexer sind.

Nichtdestrotz hat die McCabe Metrik einen hohen Stellenwert in der Softwaremessung, da sie einfach und automatisiert berechnet werden kann. Darüber hinaus liefert sie auch wichtige Informationen für die Testfallgenerierung. Der Wert der zyklomatische Komplexität entspricht der minimalen Anzahl von Testfällen die für eine Methode bzw. Programm erstellt werden muss.

4.2 Objektorientierte Produktmetriken

Für die Messung von Software, welche mit objektorientieren Programmiersprachen realisiert wurden, führen die in Kapitel 4 vorgestellten traditionellen Metriken zu unvollständigen Ergebnissen. Der Grund dafür liegt darin, dass die konventionellen Metriken alle aus einer Zeit stammen, in der die Einführung von objektorientierten Programmiersprachen noch nicht stattgefunden hatte. Ihr Augenmerk galt daher einzig der Messung von in funktionaler oder prozeduraler Programmiersprache formulierter Software. Zwar können sie weiterhin für die Messung von Methoden eingesetzt werden, da Methoden als kleinste funktionale Einheit mit definiertem Eintritts- und Austrittspunkt in objektorientierten Programmiersprachen auch existieren. (Hoffmann 2008, S.263) Die Messung der Komplexität als Ganzes jedoch, ist mit den konventionellen Metriken bei objektorientierte Programmiersprachen nicht möglich. Die konventionellen Metriken berücksichtigen nicht die neuen Strukturelemente, die sich in objektorientierte Programmiersprachen durch die Anwendung des objektorientierten Paradigmas ergeben. Beispiele für objektorientierte Strukturelemente sind Klassen, Vererbung, Polymorphie und Abstraktion. Alle diese Elemente und ihre Beziehungen zueinander haben einen direkten Einfluss auf die Komplexität von Software, und müssen daher bei der Softwaremessung mit berücksichtigt werden.

Objektorientierte Produktmetriken setzen hier an. Sie haben alle gemeinsam, dass sie im Grunde objektorientiert bedingte Strukturelemente gleicher Art zählen und von deren Häufigkeit linear auf die Komplexität schließen. Sie verfolgen dieselben Messziele, die auch die konventionellen Produktmetriken verfolgen. Solche Ziele sind z.B. Entwurfsfehler oder schwer verstehbaren Quellcode aufzudecken und anhand letzteres die Wartbarkeit und Verwendbarkeit der Software zu quantifizieren. Welche Messwerte noch akzeptabel sind, muss auch bei den objektorientierten Metriken eigens empirisch ermittelt werden, da auch hier für die meisten Metriken keine eindeutigen Grenzwerte für den Vergleich existieren.

Seit der Einführung objektorientierte Programmiersprachen sind im Laufe der Zeit auch eine Vielzahl von objektorientierten Produktmetriken hervorgegangen. Da im Rahmen dieser Arbeit nicht alle objektorientierte Metriken erläutert werden können, beschränkt sich der weitere Verlauf dieser Arbeit auf einige von CHIDAMBER und KEMERER entwickelten Metriken (1994, S.476ff), die in der Praxis die größte Beachtung gegenüber anderen objektorientierten Metriken gefunden haben. 1994 stellten Chidamber und Kemerer ihren Metrikkatalog vor, dessen Metriken jeweils folgende Aspekte der Objektorientierung analysieren: *Kopplung, Kohäsion und Vererbungshierarchie*. Im Folgenden werden drei objektorientierte Metriken aus dem Metrikkatalog vorgestellt, die jeweils eine der letztgenannten Aspekte betrachten.

4.2.1   Coupling between Objects

CHIDAMBER und KEMERER definieren die *Coupling between Objects* (CBO) Metrik, als die Anzahl anderer Klassen, mit denen die zu messende Klasse gekoppelt ist. (1994, S.476ff) Eine Klasse ist mit einer anderen Klasse gekoppelt, wenn sie Instanzen der anderen Klasse anlegt und/oder auf Elemente der anderen Klasse zugreift. Im Grunde handelt es sich bei den Elementen um Methoden oder Variablen, die für die zu messende Klasse von außen sichtbar und verwendbar sind. Die Klasse wird damit von jeder Klasse abhängig, mit der sie gekoppelt ist. Zu unterscheiden ist die Abhängigkeit bzw. Beziehung von Beziehungen, die auf Basis von Vererbung zwischen Klassen bestehen. Diese Art der Beziehung wird von der CBO Metrik nicht betrachtet.

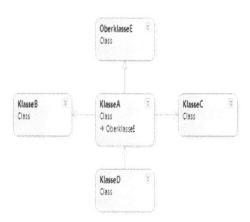

Abbildung 4.3: Coupling between Objects

Abbildung 4.3 zeigt ein Klassendiagramm indem einerseits die *KlasseA* auf die *KlasseB* und *KlasseC* zugreift, und andererseits selber von der *KlasseD* benutzt wird. *KlasseA* erbt zudem von *OberklasseE*. Da die CBO Metrik Vererbungsbeziehungen nicht betrachtet, gilt daher:

CBO(KlasseA) = 3

CBO(KlasseB) = CBO(KlasseC) = CBO(KlasseD) = 1

CBO(OberklasseE) = 0

Die Anzahl der Kopplungen hat einen großen Einfluss auf die Komplexität der Klasse. Der Quellcode einer Klasse, welcher einen hohen CBO Wert hat, ist schwieriger zu verstehen und zu warten, als Klassen mit niedrigerem CBO Wert, weil zusätzlich zu der messenden Klasse auch die Quellcodes der gekoppelten Klassen verstanden bzw. betrachtet werden müssen. Übermäßig viele Kopplungen zwischen einer Klasse mit einer anderen Klassen wiederspricht zudem dem Prinzip der Kapselung, welches die Grundidee der Objektorientierung ist, und erschwert damit die einzelne Wiederverwendung der Klasse. Letzteres geht auf die Überlegung zurück, dass die Wahrscheinlichkeit, dass durch einer Änderung einer Klasse in einer anderen Klasse ein Problem auftritt, mit steigendem CBO Wert auch steigt. (Page, 1988) Daher sollte der CBO Wert einer Klasse möglichst niedrig gehalten werden.

4.2.2 Depth of Inheritance Tree

Die *Depth of Inheritance Tree* (DIT) Metrik misst die Tiefe der Vererbungshierarchie einer Klasse. D.h. sie misst den Weg einer Unterklasse bis zur Wurzelklasse in einem Vererbungsbaum. Bei objektorientierten Vererbung führen die Wege über die Oberklassen zur Wurzelklasse. Dementsprechend entspricht DIT der Anzahl der Oberklassen, einschließlich der Wurzelklasse, die auf dem Weg von der zu messenden Klasse bis zur Wurzelklasse durchlaufen werden müssen. Klassen von objektorientierten Sprachen wie C# oder Java haben mindestens einen DIT Wert von 1, da jede Klasse von der Wurzelklasse *Object* abgeleitet wird bzw. erbt. Bei Sprachen wie C++, in der Mehrfachvererbung erlaubt ist, können mehrere Wege von der zu messenden Klasse bis zur Wurzelklasse vorhanden sein. Der DIT Wert ergibt sich hier aus dem längsten Weg bis zur Wurzelklasse.

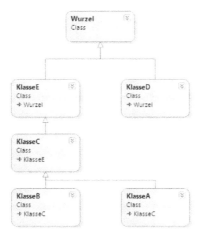

Abbildung 4.4: Depth of Inheritance Tree

Für die Klassen aus Abbildung 4.4 ergeben sich folgende DIT Werte:

$DIT(KlasseA) = DIT(KlasseB) = 3$

$DIT(KlasseC) = 2$

$DIT(KlasseD) = DIT(KlasseE) = 1$

DIT geht von der Überlegung aus, dass je tiefer eine Klasse in der Vererbungs-hierarchie ist, desto fehleranfälliger ist die Klasse. Die höhere Fehleranfälligkeit wird mit der Aussage begründet, dass mit jeder Oberklasse auch eventuelle Fehler aus der Oberklasse geerbt werden. Der Quellcode von Klassen mit hohen DIT Werten sind zudem schwieriger zu warten und zu verstehen, da durch die große Anzahl der geerbten Methoden und Variablen die Ablaufstruktur des Quellcodes unübersichtlicher wird und ihr Verhalten dadurch schwerer zu kontrollieren ist. Analog zur CBO Metrik sollte daher auch ein niedriger DIT Wert angestrebt werden.

4.2.3 Lack of Cohesion in Methods

Die *Lack of Cohesion in Methods* (LCOM) Metrik einer Klasse ergibt sich aus der Differenz zwischen der Anzahl der Methodenpaare in der Klasse, die keine gemeinsamen Instanzvariablen besitzen, und der Anzahl der Methodenpaare in der Klasse, die solche besitzen.(Chidamber et al. 1994, S.476ff) Überwiegt die Anzahl der Methodenpaare in der Klasse, die gemeinsame Instanzvariablen besitzen, ergibt sich ein negativer Wert. In diesem Fall liefert die Metrik als Ergebnis null. Durch den LCOM Wert wird die Kohäsion (Zusammenhalt) innerhalb der

Klasse quantifiziert. Eine Klasse mit einem positiven LCOM Wert besagt, dass innerhalb der Klasse mehrere Methoden existieren die nicht miteinander über Instanzvariablen gekoppelt sind. Es besteht also keine Beziehung zwischen einige Methoden in der Klasse. Daraus kann man schlussfolgern, dass in der Klasse Methoden zusammengefasst wurden, die nicht zusammen gehören. Dies wiederspricht jedoch dem objektorientiertem Paradigma, welches fordert, das nur logisch zusammenhängende Methoden und Variablen in einer Klasse gekapselt werden sollen.

Hohe LCOM Werte deuten auf eine geringe Kohäsion innerhalb der Klasse. Bei Klassen bei denen hohe LCOM Werte gemessen werden, ist es aufgrund der losen Klassenstruktur schwer das Konzept der Klasse nachzuvollziehen, was wiederum die Wartung der Klasse erschwert. Daher ist es sinnvoll die Klasse aufzuspalten und logisch zusammenhängende Elemente in mehreren Klassen zu kapseln.

5 Werkzeuge zur Ermittlung von statischen Produktmetriken

Vor allem für die Ermittlung von statischen Produktmetriken existiert eine Vielzahl von Werkzeugen, da statische Produktmetriken sich direkt aus dem Quellcode erheben lassen und somit eine automatische Ermittlung ihrer vereinfachen. (vgl. Kapitel 3.1) Die meisten dieser Werkzeuge lesen den zu prüfenden Code ein, und messen den Code nach den Vorschriften der einzelnen Metriken. Im Bereich der Softwareentwicklung ist es von Nutzen, die statische Codeanalyse mittels Messwerkzeuge zu unterstützen. Durch Programmunterstützung kann die Messung schnell und kostengünstig durchgeführt werden. Zudem erlaubt die Automatisierung der Messung eine fehlerfreie Ermittlung von Messwerten.

Neben kleinen Open-Source Werkzeugen existiert auch eine Menge von umfangreichen kommerziellen Messwerkzeugen, die sich vor allem dadurch auszeichnen, dass sie neben der Berechnung der statischen Produktmetriken auch die Verwaltung von Prozess- und Projektmetriken ermöglichen. Zudem bieten die mächtigeren Werkzeuge eine Vielzahl von Visualisierungen der Messergebnisse an, mit denen eine Interpretation der Messergebnisse vereinfacht werden soll. Aber auch Entwicklungsumgebungen haben von Haus aus Funktionen für die statische Codeanalyse integriert oder lassen sich durch Plugins erweitern. Der Vorteil von Entwicklungsumgebungen mit integrierter Codeanalyse-Funktion ist, dass Entwicklung und Analyse in nur einer Projektumgebung stattfinden kann. Damit wir die Entwicklung für den Softwareentwickler übersichtlicher.

Im Folgenden werden die Funktionen für die statische Codeanalyse von zwei bekannten Entwicklungsumgebungen kurz vorgestellt. Vorgestellt werden zu einem das kommerzielle Produkt Visual Studio von der Firma Microsoft und zum anderem das Open Source Metrics Plugin für die Java Entwicklungsumgebung Eclipse.

5.1 Statische Produktmetriken in Visual Studio generieren

Visual Studio erlaubt dem Entwickler in der Team Suite Edition Version 2008 Codemetrikdaten für eine ganze Projektmappe oder für eine einzelnes Projekt zu generieren. Das Programm stellt insgesamt nur fünf Metriken zur Verfügung, die in Tabelle 5.1 aufgelistet sind. Die Messwerte der Metriken sollen dem Entwickler helfen, problematischen Code schon während der Entwicklung zu identifizieren.

Verwendete Metriken	
Wartungsindex	Klassenkopplung (CBO)
Zyklomatische Komplexität	Codezeilen (LOC)
Vererbungstiefe (DIT)	

Tabelle 5.1: Von Visual Studio erhobene Metriken

Die Metrik Wartungsindex misst die Wartbarkeit und zeigt diesen in einem Wert zwischen 0 und 100 an. Je näher der Messwert dem Wert 100 ist, umso einfacher ist die Wartung des Codes. Der Wert errechnet sich anhand der Metrik Halstead V, der zyklomatischen Komplexität und der Codezeilen. (Microsoft msdn, 2007) Die genaue Berechnungsformel ist in der Entwicklungsumgebung nicht weiter dokumentiert. Bei der Metrik Codezeilen handelt es sich um eine Variante der LOC Metrik, welches nur die ausführbaren Zeilen zählt. Bei der Metrik Klassenkopplung ist noch anzumerken das sie zwar im Grunde der Metrik CBO entspricht, aber im Gegensatz zur CBO Definition auch Vererbungsbeziehungen mit betrachtet (vgl. Kapitel 4.2.1).

Der Entwickler kann den Messvorgang über die Menüleiste Analyse und Codemetrik für die gesamte Projektmappe starten oder durch Auswahl eines Projektes im Projektmappen-Explorer die Berechnung für ein einzelnes Projekt durchführen. Nach der Berechnung erscheint ein separates Fenster, das die Messwerte tabellarisch in einer Baumstruktur darstellt.

Hierarchie	Wartungsindex	Zyklomatische ...	Vererbungstiefe	Klassenkopplung	Codezeilen
GenetischerAlg (Debug)	74	209	7	48	794
{ } GenetischerAlg	74	209	7	48	794
Generation	66	53	1	5	114
GUI	45	33	7	36	438
Individuum	81	12	1	2	23
berechneFitness() : void	74	2		0	4
berechneFitnessNachHamming()	100	1		0	0
Eigenschaften.get() : int[]	98	1		0	1
Eigenschaften.set(int[]) : void	95	1		0	1
Fitness.get() : int	98	1		0	1
Individuum(int, int)	69	1		0	7
setzeEigenschaften() : void	81	2		2	2
setzteFitness() : void	100	1		0	1
ToString() : string	66	2		0	6
KoordinatenSystem	75	30	4	13	51
Landkarte	81	17	4	13	28
Program	81	1	1	3	3
Rundreise	79	14	1	7	28
Stadt	93	5	1	1	7
TSP	66	44	1	7	102

Abbildung 5.1: Codemetrik-Ergebnisansicht in Visual Studio 2008

Die Ergebnisansicht kann mit einer Filterfunktion verändert werden. Die Filterfunktion erlaubt es Minimal und Maximalwerte für eine Metrik anzugeben, so das es möglich ist nur diejenigen Codeelemente anzeigen zu lassen, dessen Metriken in einem vordefinerten Wertebereich liegen. Bei der Metrik Wartungsindex werden zudem gute und schlechte Werte farblich markiert. Eine gute Wartbarkeit liegt zwischen einem Messwert von 20 und 100 und wird mit einem grünen Icon neben dem Wert visualisiert. Die Werte 0 bis 9 deuten auf eine schlechte Wartbarkeit und werden mit einem roten Icon gekennzeichnet. Durch die farbliche Markierung wird dem Entwickler schnell ersichtlich, welche Ressource verbesserungswürdig ist. Durch Doppelklick auf einer der Zeilen gelangt man direkt zu der Stelle im Quellcode. Weiterhin können die Ergebnis-spalten nach beliebiger Reihenfolge angeordnet oder einzelne ganz ausgeblendet werden.

Für eine einfache Auswertung der Daten bietet die Funktion keine zusätzlichen Features. Die Messwerte können nicht in einer übersichtlichen Grafik, wie z.B. durch ein Kiviat Diagramm (vgl. Abbildung 3.1; Abbildung 3.2), visualisiert wer-den. Einzig eine Exportfunktion ermöglicht es die Daten in eine Excel Datei zum Zwecken der Weiterverarbeitung zu überführen

5.2 Metrics Plugin für Eclipse

Die auf Java basierte Entwicklungsumgebung Eclipse kann mit dem Metrics Plugin um eine statische Codeanalyse erweitert werden. Das Plugin kann online von der Seite http://metrics.sourceforge.net/ bezogen werden. Im Gegensatz zu Visual Studio stellt das Plugin mehr als nur fünf Metriken zur Verfügung. Neben den traditionellen Metriken werden auch eine Menge objektorientierter Metriken be-rechnet.

Verwendete Metriken	
Afferent Coupling	Number of Children
Efferent Coupling	Number of Fields
Abstractness	Number of Classes
Deep of Inheritance Tree (DIT)	Number of Interfaces
Lines of Code (LOC)	Number of Overridden Methods
Lack of Cohesion in Methods (LOC)	Zyklomatische Komplexität

Tabelle 5.2: Von Eclipse Plugin bereitgestellte Metriken

In der Dokumentation ist keine Beschreibung über die einzelnen Metriken aufgeführt. Der Benutzer muss eigenständig nach den Aussagen der Metriken recherchieren damit eine Interpretation der Messwerte für ihn möglich ist.

Ähnlich wie bei Visual Studio werden die Ergebnisse der Analyse tabellarisch in einer Baumstruktur dargstellt. (vgl. Abbildung 5.1) Die Ergebnisansicht wird nach jedem Kompiliervorgang aktualisiert.

Metric	Total	Mean	Std. Dev.	Maximum	Resource causing Maximum	Method
⊞ Number of Packages	16					
⊟ Number of Methods (avg/max per type)	1310	6.65	8.553	76	/net.sourceforge.metrics/tgsrc/com/touchgrap...	
⊞ tgsrc	489	7.191	11.544	76	/net.sourceforge.metrics/tgsrc/com/touchgrap...	
⊟ src	761	6.238	6.853	45	/net.sourceforge.metrics/src/net/sourceforge/...	
⊞ net.sourceforge.metrics.core.sources	108	15.429	12.129	45	/net.sourceforge.metrics/src/net/sourceforge/...	
⊞ net.sourceforge.metrics.ui	77	9.625	10.111	33	/net.sourceforge.metrics/src/net/sourceforge/...	
⊞ net.sourceforge.metrics.core	198	6.6	7.093	27	/net.sourceforge.metrics/src/net/sourceforge/...	
⊞ net.sourceforge.metrics.ui.preferences	52	6.5	7.467	26	/net.sourceforge.metrics/src/net/sourceforge/...	
⊞ net.sourceforge.metrics.ui.dependencies	95	5.588	3.727	15	/net.sourceforge.metrics/src/net/sourceforge/...	
⊞ net.sourceforge.metrics.internal.persistence	18	4.5	4.33	12	/net.sourceforge.metrics/src/net/sourceforge/...	
⊞ net.sourceforge.metrics.internal.prevayler.implementa...	54	5.4	2.871	10	/net.sourceforge.metrics/src/net/sourceforge/...	
⊞ net.sourceforge.metrics.internal.xml	41	4.1	2.022	9	/net.sourceforge.metrics/src/net/sourceforge/...	
⊞ net.sourceforge.metrics.calculators	79	4.158	2.254	8	/net.sourceforge.metrics/src/net/sourceforge/...	
⊞ net.sourceforge.metrics.propagators	31	5.167	1.067	7	/net.sourceforge.metrics/src/net/sourceforge/...	
⊞ net.sourceforge.metrics.internal.tests	8	2.667	1.886	4	/net.sourceforge.metrics/src/net/sourceforge/...	
⊞ net.sourceforge.metrics.internal.prevayler	0	0	0			
⊞ classcycle	88	9.571	7.666	17	/net.sourceforge.metrics/classcycle/classcycle/...	
⊞ Lines of Code (avg/max per type)	6593	33.467	49.02	339	/net.sourceforge.metrics/tgsrc/com/touchgrap...	
⊞ Number of Interfaces (avg/max per packageFragment)	16	1	1.414	4	/net.sourceforge.metrics/src/net/sourceforge/...	
⊟ Lines of Code (avg/max per method)	6593	4.812	7.355	89	/net.sourceforge.metrics/src/net/class/classcycle/q...	calculateAttributes
⊞ classcycle	334	6.4	9.94	89	/net.sourceforge.metrics/classcycle/classcycle/q...	calculateAttributes
⊞ tgsrc	2321	4.661	8.278	89	/net.sourceforge.metrics/tgsrc/com/touchgrap...	scrollSelectPanel
⊟ src	3948	4.662	6.473	52	/net.sourceforge.metrics/src/net/sourceforge/...	setMetrics
⊟ net.sourceforge.metrics.ui	544	6.8	9.707	52	/net.sourceforge.metrics/src/net/sourceforge/...	setMetrics
⊟ MetricsTable.java	194	10.778	13.531	52	/net.sourceforge.metrics/src/net/sourceforge/...	setMetrics
⊟ MetricsTable	194	10.778	13.831	52	/net.sourceforge.metrics/src/net/sourceforge/...	setMetrics
setMetrics	52					

Abbildung 5.2: **Eclipse Metric Plugin Ergebnisansicht**

Quelle: SourceForge (o. J.)

In den Einstellungen des Plugin ist es möglich unter der Option „*Safe Ranges*" Maximalwerte für jede Metrik festzusetzen. Überschreitet ein Messwert den jeweiligen Maximalwert, so wird ein Fehler ausgegeben und die betroffene Metrik wird in der Ergebnisansicht rot markiert. Die farbliche Markierung dient auch hier dazu, einen Ausreißer dem Benutzer schnell ersichtlich zu machen. Durch einen Doppelklick auf den Wert der Metrik gelangt man auch hier zu der betroffenen Stelle im Quellcode.

Eine Visualisierung der Messwerte durch eine Grafik ist mit dem Plugin nicht möglich. Jedoch bietet es die Möglichkeit Klassen und ihre Abhängigkeiten grafisch darzustellen. Die Grafik kann laut Dokumentation zu Verminderung der Abhängigkeiten dienen. Wie dabei genau die Vorgehensweise ist, wird auf der Projektseite beschrieben und soll daher hier nicht näher erläutert werden.

Weiterhin bietet das Plugin für die Weiterverarbeitung der Daten eine Exportfunktion an, mit der die Daten als XML Datei abgespeichert werden können.

6 Zusammenfassung und Fazit

Ziel dieser Arbeit war es, einen Überblick über vorhandene quellcodebasierende Software-Metriken zu geben und diese daraufhin zu überprüfen, inwieweit sie die Komplexität von Quellcode messen. Aufgrund des Fokus dieser Arbeit auf die Messung und Bewertung von Softwarequellcode, beschränkte sich die Untersuchung auf die statischen Produktmetriken, die ihre Messung direkt am Quellcode durchführen. Da eine Vielzahl an statischen Produktmetriken existieren, konnten im Rahmen der vorliegenden Arbeit nur die traditionellen statischen Produktmetriken kritisch betrachtet vorgestellt werden.

Anhand der statischen Produktmetriken konnte gezeigt werden, dass die Verwendung einer einzigen Metrik zu Messung der vollständigen Komplexität eines Quellcodes nicht ausreichend ist. Beispielsweise misst die zyklomatische Komplexität von McCabe die Struktur des Quellcodes, vernachlässigt aber die im Quellcode verwendeten Daten, die aber ebenso die Komplexität beeinflussen können. Die Halstead Metriken dagegen erfassen bei der Messung die Daten, vernachlässigen aber die Ablaufstruktur des Quellcodes gänzlich. Trotz der Masse an statischen Produktmetriken und der verbreiteten Nutzung ihrer, gibt es keine Universalmetrik. Vielmehr ist es vonnöten für die Messung des Quellcodes eine Kombination von Metriken einzusetzen, um mehrere voneinander unabhängiger Messwerte zu generieren mit denen sich verlässliche Aussagen über die gesamte Komplexität der Quellcodes machen lassen können. (Ligessmeyer 2009, S.232) Dabei ist zu achten das die Auswahl der Metriken zielkonform erfolgt.

Die Messung sollte durch den Einsatz von Werkzeugen unterstützt zu werden, da mit ihnen eine schnelle und kostengünstige Durchführung der Messungen geschehen kann. Zudem bieten viele Werkzeuge zusätzliche Funktionen an, mit denen die Messwerte grafische ausgewertet werden können.

Allerdings hat eine Messung eine geringe Aussagekraft oder ist sogar nutzlos, wenn für die Metrik kein Schwellwert vorhanden ist, mit dem der Messwert verglichen werden kann. Jedoch wurden bisher nur für wenige Metriken validierte Schwellwerte ermittelt, die auch für jedes Projekt eingesetzt werden können. Die LOC Metrik bspw. drückt die Komplexität durch die Länge bzw. Umfang des Quellcodes aus. Sie definiert aber nicht, ab welchen Wert eine Methode zu lang und damit zu komplex ist. Es muss demnach vor der Einführung der LOC Metrik ein Schwellwert für diesen ermittelt werden. Meistens geschieht das anhand von Expertenbefragungen oder durch Analyse von bereits vergangenen Projekten. Überschreitet ein Messwert den ermittelten Schwellwert, dann handelt es sich bei dem Wert um einen Ausreißer der analysiert werden sollte. Für Softwareunternehmen bedeutet die Ermittlung der Schwellwerte ein zusätzlicher Aufwand, dass mit Kosten verbunden ist.

Obwohl in dieser Arbeit festgestellt wurde, das Software-Metriken durchaus Nachteile besitzen, kann dennoch abschließend gesagt werden, das die Komplexität von Quellcodes mit Software-Metriken brauchbar quantifiziert werden können. Um qualitativ guten Quellcode zu schreiben, ist die Verwendung eines Kontrollmechanismuses vonnöten. Statische Software-Metriken können dafür einen wesentlichen Beitrag leisten. Der Einsatz von Metriken muss aber mit Vorsicht geschehen. Für eine erfolgreiche Messung müssen die genannten Voraussetzungen erfüllt sein. Ein Entwickler kann durch den Einsatz von Software-Metriken Schwächen im Design des Quellcodes ausfindig machen und den Quellcode daraufhin überarbeiten, jedoch muss er immer Hinterkopf behalten, dass Metriken immer nur als ein Indikator fungieren. Der Grund liegt in dem Schwellwert, mit dem der Messwert einer Metrik verglichen wird. Eine Metrik identifiziert nur Codeelemente die außerhalb des Schwellwertes liegen. Schwellwerte werden jedoch empirisch ermittelt und ihre Richtigkeit ist damit nicht eindeutig gegeben. Ist der Schwellwert nicht genau oder gar falsch, so kommt es zur Identifikation von falschen Codeelementen oder problematische Bereiche im Code werden erst gar nicht durch die Metrik erkannt. Außerdem muss beachtet werden das Metriken sich auch negativ beeinflussen können. Die objektorientierte Metrik DIT z.B. misst die Tiefe einer Klasse in der Vererbungshierarchie. Ein hoher DIT Wert deutet auf eine hohe Komplexität der Klasse hin. Ändert man die Klasse so, dass sie danach einen niedrigeren DIT Wert aufweist, verbessert man zwar die Lesbarkeit der Klasse, indirekt wird aber auch der Grad der Wiederverwendbarkeit der Klasse verschlechtert. Ob eine Überarbeitung wirklich notwendig ist, sollte also nicht von der Metrik abhängig gemacht werden. Es sollte vielmehr eine genaue Überprüfung des problematischen Bereiches durch den Entwickler durchgeführt werden und wenn dann nötig, eine Optimierung vorgenommen werden.

Literaturverzeichnis

Chidamber, S.R.; Kemerer, C.F. (1994): A Metrics Suite for Object-Oriented Design, IEEE Transactions on Software-Enigneering, S. 476-493

DeMarco, Tom (1986): Controlling Software Projects: Management, Measure-
ment, and Estimates. Prentice Hall PTR.

Halstead, Maurice H. (1977): Elements of software science, Elsevier.

Härtl, Holden (2008): Implizite Informationen. Sprachliche Ökonomie und inter-
pretative Komplexität bei Verben. Studia Grammatica 68, Akademie Verlag, Berlin.

Hoffmann, Dirk W. (2008): Software-Qualität, Springer Verlag, Berlin Heidelberg.

IEEE Standard (1993) for Software Quality Metrics Methodology, IEEE Std. 1061-
1992, New York.

Ligessmeyer, Peter (2009): *Software-Qualität:* Testen, Analysieren und Verifizie-
ren von Software, 2. Auflage, Spektrum Akademischer Verlag, Heidelberg.

McCabe, Thomas J. (1976): A complexity measure, IEEE Transactions on Software Engineering, Band SE-2, 4 Ausgabe, S. 308-320.

Microsoft msdn (2007): Visual Studio Team System - Übersicht über Codemetrik.
http://msdn.microsoft.com/de-de/library/bb385914.aspx, Abruf am 2010-01-02

Page-Jones, M. (1988): The Practical Guide to Structured Systems Design. 2
Auflage, Prentice Hall.

Popp, Gunther (2006): Konfigurationsmanagement mit Subversion, Ant und Ma-
ven, 1. Auflage, dpunkt.verlag, Heidelberg.

SourceForge (o. J.): Metrics 1.3.6 - Getting Started.
http://metrics.sourceforge.net/, Abruf am 2010-01-03

Thaller, George Erwin (1994): Software-Metriken einsetzen, bewerten, messen,
Verlag Heinz Heise GmbH & Co KG, Hannover.

Wallmüller, Ernest (2001): Software-Qualitätssicherung in der Praxis, Carl Han-
ser Verlag, München.